Nina Manukyan

Excel Knigge

Der zeitlose Ratgeber für gutes MS-Excel.

Alles ist einfach.

Inhalt

Abbildungsverzeichnis

Vorwort

So viele Menschen haben auf Ihre Weise an diesem Buch mitgewirkt, dass nur einige wenige aufgezählt werden können:

- der Ingenieur (der eigentlich von Berufs wegen auch richtig rechnen kann) mit seinem Wahlspruch „Alle Berechnungen gehören in ein Blatt."

- der Werksleiter, der vor vielen Jahren meinte „Kennen Sie den Filter?"

- die kaufmännische Leiterin mit dem Tipp „Kopieren Sie ein Tabellenblatt mit Strg+linke Maustaste und das Registerblatt nach rechts ziehen!" – Aha!

- und kürzlich die Buchhalterin mit der Email „Habe gestern abend auf YouTube gefunden, wie man mit einer Pivot Tabelle eine Kreuztabelle zurück in eine Liste verwandelt"… da war ich platt…

Alle diese Gedanken wurden ein gutes Jahrzehnt gesammelt, in Modellen erprobt, fortentwickelt und systematisiert. Dazu kommen Hinweise aus zahlreichen Gesprächen mit Anwendern über ihr MS-Excel und dem Versuch, es zu verstehen. Und der gemeinsame Spaß mit den vielen Praktikanten bei dem schönen Spiel „Das ist schon super, und hier könnten wir noch ..."

Daraus ergibt sich ein Bild der MS-Excel „dos and don´ts", die in diesem Buch für Sie zusammengefasst sind.

Sie haben sich bisher als „zeitlos" über die Versionswechsel von MS-Excel erwiesen.

Viel Spaß beim Lesen und auf Ihrem Weg zum „Excel – Guru"!

Nina Manukyan

1 Grundsätzlicher Aufbau

Komplexität ist der natürliche Feind jeder MS-Excel-Datei:

- Unordnung und Unübersichtlichkeit führen zu Fehlern in Formeln oder in den Eingabeparametern, die nicht mehr erkannt werden.

- Ein „zu wenig" an Struktur verursacht erhebliche Mehrarbeit im Falle der Aktualisierung oder Änderung des MS-Excel-Modells.

Gutes MS-Excel nutzt jede Möglichkeit, Komplexität zu verringern.

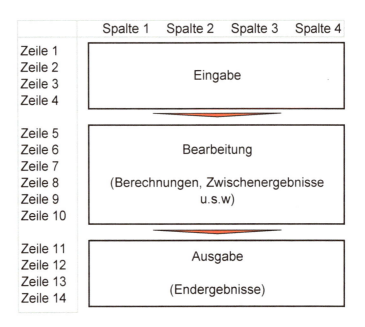

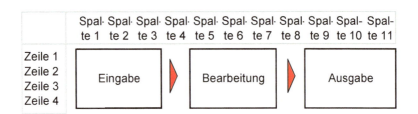

Abbildung 1: Eingabe, Verarbeitung und Ausgabe in MS-Excel Dateien

1.1 Eingabe, Verarbeitung, Ausgabe

Strukturieren Sie ihre MS-Excel Modelle nach dem bekannten Prinzip in

- einen Eingabeteil

- einen Berechnungsteil

- einen Ausgabeteil.

	A	B	C	D	E
1			Jahr 1	Jahr 2	Jahr 3
2	**Menge**	Produkt 1	100	105	110
3		Produkt 2	50	52	54
4					
5	**Preis**	Produkt 1	3,00	2,94	2,88
6		Produkt 2	3,00	3,03	3,06
7					
8	**Umsatz**	Produkt 1	300	309	318
9		Produkt 2	150	=+D3*D6	166
10					

Abbildung 2: Formelnachvollzug in einem Berechnungsblatt mittels „Spur zum Vorgänger" und „F2"

10

1.2 Alle Berechnungen in einem Blatt

Sammeln Sie bei komplexen Modellen alle Berechnungen in einem einzigen Tabellenblatt.

Diese Vorgehensweise ermöglicht Ihnen,

- Formeln erheblich leichter nachzuvollziehen, weil Sie Verweise auf Vorgänger und Nachfolger im selben Blatt finden

  - Wählen Sie z.B. „Spur zum Vorgänger" um Spurpfeile anzeigen zu lassen.

  - Drücken Sie anschließend „F2" innerhalb einer Formel (Ergebnis siehe nebenstehende Abbildung).

- Formeln zu systematisieren,

  - denn nur in einem Tabellenblatt können Zeilen und Spalten dauerhaft „gleich" gestaltet werden.

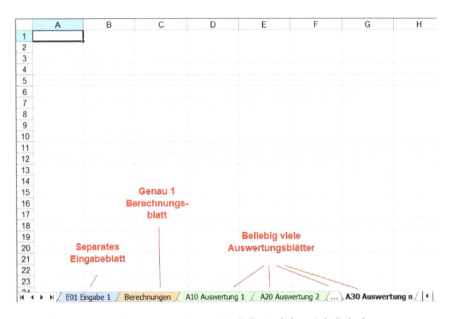

Abbildung 3: Strukturierung eines Modells in (übersichtliche) Eingabeblätter, 1 Berechnungsblatt und (beliebig viele) Auswertungsblätter

1.3 n-Auswertungsblätter

Übertragen Sie die Ergebnisse des Berechnungsblattes in separate Ausgabeblätter, die alle auf das Berechnungsblatt verknüpfen. So können Sie

- die Auswertungsblätter beliebig formatieren, ohne die Berechnungen zu beeinflussen,

  - z.B. zusätzliche Spalten bzw. Zeilen einfügen,

  - eine andere Reihenfolge festlegen,

  - usw.,

- Informationsgehalt und –tiefe für den jeweiligen Empfänger (z.B. Chef, Bank, Finanzamt...) anpassen,

- eine Vielzahl unterschiedlicher Auswertungen an ein und dasselbe Berechnungsblatt „andocken", aber auch wieder löschen, ohne in das Berechnungsblatt einzugreifen.

1.4 Altes Löschen

Was nicht mehr benötigt wird, sollte möglichst umgehend gelöscht werden.

Dennoch weisen MS-Excel Dateien die Tendenz auf, obsolete Eingabeparameter, Berechnungsteile oder Ausgabeblätter zu entwickeln. Investieren Sie daher von Zeit zu Zeit in die „Modellpflege".

2 „Form over substance" oder „Optik ist alles"

Ein Grund für eine übersichtliche Optik liegt natürlich in der Reduktion von Komplexität.

Darüber hinaus basiert die Bewertung aller MS-Excel Arbeit – meist durch Kunden oder vorgesetzte Stellen – in der Praxis oft zu einem großen Teil auf ihrem äußeren Erscheinungsbild…

2.1 Formatierte Druckbereiche

Bereiten Sie sämtliche Auswertungsblätter so vor, dass sie ohne weiteres Zutun ausgedruckt werden können.

- Ein Auswertungsblatt, dessen Druckbereich nicht formatiert ist, wurde offensichtlich noch nicht fertig gestellt.

- Ein Auswertungsblatt, das noch nie gedruckt wurde, ist auch noch nie wirklich geprüft worden.

Eine Ausnahme bildet das Berechnungsblatt. Es kann aufgrund seiner Größe auch als Ausdruck nicht wirksam geprüft werden. Die Kontrolle erfolgt hier

- durch Analyse der Ergebnisse, die es produziert,

- durch gelegentliche konzentrierte Durchsicht aller Berechnungen, am besten im Zusammenhang mit dem Versuch, nicht mehr benötigte Teile des Modells von Zeit zu Zeit zu löschen („Modellpflege").

2.2 Lesbare Ausdrucke

MS-Excel verkleinert Schriften grenzenlos, wenn der Druckbereich entsprechend eingeschränkt wird.

Geflügelt ist das Wort vom „Augenkrebs".

Achten Sie auf eine lesbare Schriftgröße:

- Kleingedrucktes wird nicht mehr gelesen und kontrolliert, meist verbergen sich daher an diesen Stellen Fehler.

- Kunden oder vorgesetzte Stellen sind oft in Eile...

- und / oder bereits Träger einer Sehhilfe...

2.3 Seitenzahlen

Achten Sie bei mehrseitigen Ausdrucken auf die Angabe von automatischen Seitenzahlen z.B. in der Fußzeile.

Falls Sie oder ein Empfänger den Ausdruck blätternd sichtet (oder ihn versehentlich fallen lässt), erweist sich diese Vorkehrung als unendlich hilfreich.

Eher nicht übersichtlich: ohne Formatierung

(in Mio. EUR)	2015	2016	2017	2018
Umsatz	105	84	90	98
Bestandsveränderung	-15	1	1	-2
Gesamtleistung	90	85	91	96
Materialaufwand	-63	-51	-55	-56
Rohertrag	27	34	35	40
Personalaufwand	-17	-15	-15	-16
Sonstige betriebliche Aufwendungen	-24	-19	-19	-20
Betriebsergebnis	-14	0	1	5
Neutrales Ergebnis	10	2	0	0
Gewinn / Verlust	-4	2	1	5

Viel übersichtlicher: mit Formatierung

(in Mio. EUR)	**2015**	**2016**	**2017**	**2018**
Umsatz	105	84	90	98
Bestandsveränderung	-15	1	1	-2
Gesamtleistung	**90**	**85**	**91**	**96**
Materialaufwand	-63	-51	-55	-56
Rohertrag	**27**	**34**	**35**	**40**
Personalaufwand	-17	-15	-15	-16
Sonstige betriebliche Aufwendungen	-24	-19	-19	-20
Betriebsergebnis	**-14**	**0**	**1**	**5**
Neutrales Ergebnis	10	2	0	0
Gewinn / Verlust	**-4**	**2**	**1**	**5**

Abbildung 4: Übersichtlichkeitsvergleich ohne und mit Formatierung

2.4 Rahmen, Schriftformat, Farben

Nutzen Sie für das Layout Ihrer Tabellen sinngebende Rahmen

- zur Abgrenzung inhaltlich zu unterscheidender Bereiche,

- zur Kennzeichnung von (Zwischen-)ergebnissen usw.

Verwenden Sie Schriftsatz und Farben zur Vermittlung von Bedeutung und / oder Zusammengehörigkeit.

Behalten Sie einmal gewählte Muster und Layouts im gesamten MS-Excel Modell bei.

Vermeiden Sie dagegen besonders Farben nur um der Farbe willen – „kanarienvogelfarbene" Auswertungen verlieren an Übersichtlichkeit.

Noch übersichtlicher: mit Einrückung

(in Mio. EUR)	2015	2016	2017	2018
Umsatz	105	84	90	98
Bestandsveränderung	-15	1	1	-2
Gesamtleistung	**90**	**85**	**91**	**96**
Materialaufwand	-63	-51	-55	-56
Rohertrag	**27**	**34**	**35**	**40**
Personalaufwand	-17	-15	-15	-16
Sonstige betriebliche Aufwendungen	-24	-19	-19	-20
Betriebsergebnis	**-14**	**0**	**1**	**5**
Neutrales Ergebnis	10	2	0	0
Gewinn / Verlust	**-4**	**2**	**1**	**5**

Abbildung 5: Verwendung von Einrückungen

26

2.5 Einrückung

Nutzen Sie Einrückungen („Einzug vergrößern" bzw. „Einzug verkleinern") zur systematischen Strukturierung der Zeilenbeschriftungen.

Strukturierung macht Information „verdaulich". Sie äußert sich z.B. in

- Hierarchie, d.h. Ober- und Untergruppen

- Gruppenzugehörigkeit, z.B. Mengengerüst, Preisgerüst, Berechnung, Kennzahl

- usw.

Dabei sollten die „Einzug vergrößern" bzw. „Einzug verkleinern" – Buttons im Excel ( ) verwendet werden, denn die Verwendung von Leerzeichen (Space-Taste) zur Generierung von Abständen ist eine Todsünde.[1]

---

[1] Hintergrund ist insbesondere der Umstand, dass bei späteren Änderungen – etwa der Schriftgröße oder des gewünschten Abstandes – alle Leerzeichen von Hand angepasst werden müssen.

Unverständliche Abkürzungen...

	(in mE)	2015
Umsatz		105
BV		-15
GL		**90**
Materialaufw.		-63
Rohertrag		**27**
Pers.aufw.		-17
SBA		-24
Betriebsergebnis		**-14**
Neutr. Ergebnis		10
Verlust		**-4**

Klartext...

	(in Mio. EUR)	2015
Umsatz		105
Bestandsveränderung		-15
Gesamtleistung		**90**
Materialaufwand		-63
Rohertrag		**27**
Personalaufwand		-17
Sonstige betriebliche Aufwendungen		-24
Betriebsergebnis		**-14**
Neutrales Ergebnis		10
Verlust		**-4**

Abbildung 6: Verwendung von Einrückungen

2.6 Aussagekräftige Beschriftungen

Die Bezeichnungen von Zeilen und Spalten sollten eindeutig und genau erfolgen.

Wählen Sie die Bezeichnungen so, dass sie von mehr als einer Person verstanden werden können.

2.7 Ausgeschriebene Bezeichnungen

Schreiben Sie Bezeichnungen in Zeilen und Spalten stets aus:

- Oft werden Auswertungen aus MS-Excel unmittelbar Entscheidern vorgelegt oder ins Powerpoint kopiert.

- Dort fallen Rechtschreibfehler oder nicht standardmäßige Abkürzungen als Fehler auf und lösen – sehr arbeitsaufwendigen – Korrekturbedarf aus.

		Jahr 1	Jahr 2	Jahr 3
Menge	Produkt 1	100	105	110
	Produkt 2	50	52	54
Preis	Produkt 1	3,00	2,94	2,88
	Produkt 2	3,00	3,03	3,06
Umsatz	Produkt 1	300	309	318
	Produkt 2	150	158	166

Eingabefeld

Abbildung 7: Gekennzeichnete Eingabefelder

2.8 Klar gekennzeichnete Eingabefelder

Formatieren Sie Eingabefelder erkennbar und einheitlich.

2.9 Kein VBA

Verzichten Sie auf VBA.

Oft hat die VBA-Programmierung nur den Zweck, ein hübscheres Layout zu ermöglichen: ein Button, ein Hyperlink, eine Gültigkeitsprüfung...

Dafür handelt man sich jedoch spürbare Nacheile ein:

- Die erstmalige Programmierung und spätere Anpassungen sind oft unverhältnismäßig zeitintensiv.

- Nicht VBA-Anwender (die Mehrheit der MS-Excel-Nutzer) schreckt die enthaltene Programmierung eher ab.

- Häufig erscheinen Warnmeldungen („Unsichere Programmierung o.ä."). Einige Mailprogramme verweigern den Versand.

- Geringfügige Modifikationen an der Datei (oft bereits neue Zeilen, Spalten oder Blätter, neuer Speicherort) führen gern zu Fehlermeldungen des VBA-Codes.

3 Spezialfragen im www

Sich haben spezielle Wünsche?

Oder etwas funktioniert nicht wie es soll?

Etwas geht nicht mehr, was eben noch ging?

Wenden Sie sich vertrauensvoll an eine Suchmaschine Ihrer Wahl. Wirklich jede Frage wurde im Internet bereits gestellt und beantwortet.

4 Fehlerfreie Berechnungen

MS-Excel denkt nicht mit:

- MS-Excel ist so flexibel, dass es alle Eingaben und Berechnungen erlaubt – eben auch fehlerhafte.

- Wirksame Beschränkungen der Flexibilität (Sperrung von Formeln und Zellen, Gültigkeitskontrollen) sind sehr zeitaufwendig und umständlich in der Handhabung.

Allerdings kann eine Umgebung geschaffen werden, die die Wahrscheinlichkeit von Fehlern verringert.

4.1 Rahmenbedingungen

4.1.1 Kein „Recycling" von Modellen

Beginnen Sie jedes neue Projekt, das eine gewisse Komplexität aufweist, mit einer völlig neuen Datei.

Die Wiederverwendung der Dateien alter Projekte

- ist letztlich sehr zeitaufwendig und intellektuell oft anspruchsvoller, als ein Neuaufsetzen.

- Es gelingt selten, die Spuren des Vorgängers vollständig zu tilgen.

- Die „Umarbeitung" von Formeln birgt ein höheres Fehlerrisiko.

		Ergebnis	Formel
ungünstig 1: Verknüpfung über andere Dateien	Umsatz	300	=+'[Eingabe (01).xls]210'!$D$5*'[Eingabe (01).xls]210'!$D$8
ungünstig 2: Verknüpfung über andere Tabellenblätter	Umsatz	300	=+Eingabeblatt!D5* Eingabeblatt!D8
ideal: Ermittlung aus einem Berechnungsblatt	Menge	100	
	Preis	3,00	
	Umsatz	**300**	**=+D5*D8**

Abbildung 8: Übersichtlichkeitsvergleich der Verknüpfungen „über andere Dateien", „über andere Tabellenblätter" und „aus einem Berechnungsblatt"

4.1.2 Keine Werte aus anderen Dateien

Formeln sollten nicht auf andere Dateien verweisen:

- Formeln werden dadurch unübersichtlich – das Nachvollziehen dauert länger, Fehler werden eher übersehen.

- Die Formeln lassen sich mit der Funktion „Spur zum Vorgänger" schwerer nachvollziehen.

- Es erscheinen viele störende Warnmeldungen („Verknüpfungen aktualisieren"; „Datei nicht verfügbar" usw.).

- Bei Bezug auf eine andere Datei wird automatisch ein Festbezug gesetzt. Er erschwert das „Durchziehen" von Formeln.

- Die Aktualisierung in mehreren Dateien ist umständlich.

4.1.3 Keine Tabellenblätter mit „gleicher Struktur"

Versuchen Sie nicht, ähnliche Sachverhalte in mehreren Tabellenblättern abzubilden, die „alle die gleiche Struktur haben sollen", zum Beispiel „Werk 1", „Werk 2", „Werk 3…"

- Die Überwachung, dass tatsächlich überall die gleiche Struktur vorliegt, ist sehr aufwendig.

- Summierungsformeln über mehrere Tabellenblätter sind kaum nachvollziehbar

  - z.B.   {=SUMME(SUMMEWENN(INDIREKT("Tabelle"&ZEILE(1:3)&"!C2");"<1e+99"))}

  - für die (eigentlich wenig anspruchsvolle) Summierung der Zelle C2 der Tabellenblätter 1 bis 3, die sich auch mit =Tabelle1!C2 + Tabelle2!C2 + Tabelle3!C2 hätte realisieren lassen.

Fassen Sie die Inhalte der Tabellenblätter (z.B. Werke) stattdessen im einheitlichen Berechnungsblatt „untereinander" zusammen (vgl. unten Kapitel 4.3 Beherrschung von Komplexität).

(in Mio. EUR)	Ergebnis 2015	Formeln 2015
Umsatz	105	105
Bestandsveränderung	-15	15
Gesamtleistung	**90**	**=+D4+D5**
Materialaufwand	63	63
Rohertrag	**27**	**=+D6-D7**
Personalaufwand	17	17
Sonstige betriebliche Aufwendungen	24	24
Betriebsergebnis	**-14**	**=+D8-D9-D10**
Neutrales Ergebnis	10	10
Gewinn / Verlust	**-4**	**=+D11+D12**

Jede Formel wird zum komplexen Einzelstück

Ideal: Einheitliche Vorzeichen
- hier alle Erträge mit "+", alle Aufwendungen mit "-":

(in Mio. EUR)	2015	2015
Umsatz	105	120
Bestandsveränderung	-15	-15
Gesamtleistung	**90**	**=+D20+D21**
Materialaufwand	-63	-45
Rohertrag	**27**	**=+D22+D23**
Personalaufwand	-17	-27
Sonstige betriebliche Aufwendungen	-24	-24
Betriebsergebnis	**-14**	**=+D24+D25+D26**
Neutrales Ergebnis	10	-15
Gewinn / Verlust	**-4**	**=+D27+D28**

Jede Formel rechnet nach dem gleichen Prinzip

Abbildung 9: Vorteile einheitlicher Vorzeichendefinition

4.1.4 Klare Vorzeichendefinition

In Ihrem Modell sollte eine einheitliche Definition der Vorzeichen gelten, z.B. „Einnahmen = positiv und Ausgaben = negativ".

- Der Erstellungs- und Kontrollaufwand für Formeln verringert sich (gefühlt) um den Faktor 10.

- Sie können (Kontroll-)summen bereits durch Markieren einzelner Zellen mit dem Cursor bilden.

- Daten werden für bedingte Summen auswertbar (z.B. summewenn, summewenns)

4.1.5 Keine Werte aus Pivot Tabellen

Zwischenwerte für Berechnungen sollten nicht auf Pivottabellen basieren:

- Pivottabellen müssen für jeden rechnerischen „Durchlauf" des Modells manuell aktualisiert werden.

- Unverknüpfte Verweise auf Pivottabellen (z.B. „=B5" mit einem Pivottabellenergebnis in Zelle B5) werden fehlerhaft, sobald die Pivottabelle ihre Zeilenzahl oder Sortierung verändert. Das kann bei jeder Aktualisierung der Fall sein.

- Verknüpfte Verweise auf Pivottabellen (z.B. =PIVOTDATENZUORDNEN("Umsatz";$F$1;"Kunde";" Kunde4" für den Umsatz von Kunde 4) sind aufwendig und wenig übersichtlich.

Ermitteln Sie die Werte stattdessen möglichst explizit, z.B. über die Formel „summe", „summewenn" oder „summewenns", solange die Rechenzeit des Modells das erlaubt.

4.1.6 Maximale Dateigröße

Ältere MS-Excel Versionen quittieren ohne Fehlermeldung den Dienst, wenn eine Dateigröße von ca. 35 MB erreicht ist.

Das äußert sich z.B. darin, dass das Modell sich – trotz Änderung von Eingabeparametern – nicht mehr berechnet.

4.2 Klare, nachvollziehbare Formeln

Führen Sie im Berechnungsteil Ihres Modells pro Operation möglichst nur einen Rechenschritt aus.

- Bei kleinen Datenmengen überwiegt der Vorteil an Transparenz den Nachteil des höheren Speicherplatzverbrauchs.

Sollen dennoch mehrere Rechenschritte in einer Formel zusammengefasst werden, achten Sie darauf, dass sich der Sinn der Berechnung dieser Formel noch auf einen Blick erschließen lässt.

- Das hilft Ihnen selbst, wenn Sie das Modell nach einigen Monaten kontrollieren oder ändern müssen.

- Es hilft natürlich auch anderen...

4.2.1 Keine Summenketten

Vermeiden Sie Summenketten wie „=+A4+A6+A8-A11+A12-A13+A15+A18+A21+A20+A9"

- Der Überblick geht verloren – der Fehler ist vorprogrammiert.

- Die Kombination von „+" und „-" (haben Sie es entdeckt? [2]) in der obigen Formel deutet auf eine fehlende einheitliche Definition der Vorzeichen hin.

Durch Nutzung der Funktion "Summe" verringert sich die Komplexität von „n" Summanden auf genau eine Formel.

---

[2] Es gibt 2 Minuszeichen.

4.2.2 Formeln mit klarem Vorgänger

Vermeiden Sie Formeln, deren Vorgänger sich nicht eindeutig zuordnen lassen, z.B.

- Indirekt

- Pivotdatenzuordnen

- Matrixformeln.

Oft lässt sich das Ergebnis dieser Formeln durch eine Berechnung auf der Basis direkter Verweise erzeugen.

	A	B	C	D
1	ungünstig:			
2		**Jahr 1**	**Jahr 2**	**Jahr 3**
3	**Menge**	100	105	110,25
4				
5				
6	**Umsatz**	=+B3*3	=+C3*2,94	=+D3*2,88
7				
8	ideal:			
9		**Jahr 1**	**Jahr 2**	**Jahr 3**
10	**Menge**	100	105	110,25
11	**Preis**	3	2,94	2,8812
12				
13	**Umsatz**	=+B10*B11	=+C10*C11	=+D10*D11

Abbildung 10: Formeln mit und ohne Parameter

Die Formel in B6 kann <u>nicht</u> mittels „Strg+C und Strg+V" nach C6 und D6 kopiert werden.

Dagegen kann die Formel in B13 mittels „Strg+C und Strg+V" nach C6 und D6 kopiert werden.

=> Statt n Formeln (hier ist n=3 in B6, C6 und D6) verbleibt nur eine einzige Formel (hier B13, kopiert nach C13 und D13).

4.2.3 Keine Parameter in Formeln

Jeder Parameter gehört in eine eigene Zelle:

- Dies ermöglicht seine Kontrolle, weil er am Bildschirm und im Ausdruck sichtbar ist.

- Dadurch lassen sich Formeln einer Zelle „durchziehen" auf die gesamte Zeile oder Spalte und gleichzeitig der Parameter variieren.

4.2.4 Finanzmathematische Formeln selbst rechnen

Zuweilen bietet MS-Excel für komplexere Berechnungen eigene Formeln an, z.B. Barwert (BW) oder einen internen Zinsfuß (IKV).

Die Ergebnisse dieser Formeln sollten im eigenen Modellkontext als Test mindestens ein Mal „per Hand" nachgerechnet werden.

4.3 Beherrschung von Komplexität

Durch das Aneinanderreihen vieler gut strukturierter Formeln in einem logischen, geordneten Aufbau können im MS-Excel sehr komplexe Modelle entstehen.

Dabei kann MS-Excel seine Vorteile

- der nahezu unbegrenzten Flexibilität

- des geringen Aufwandes zur Umsetzung von Änderungen

voll ausspielen.

Mit den folgenden Methoden lassen sich die Grenzen der Handhabbarkeit noch ein Stück weiter nach oben verschieben.

	C	D	E	F	G	H
1						
2		Eingabefeld				
3						
4	**Produkt** ▾	**Einheit** ▾	**Jahr** ▾	**Jahr** ▾	**Jahr** ▾	
5	Produkt 1	kg	100	105	110	
6	Produkt 2	kg	50	52	54	
7	Produkt 3	kg	20	21	22	
8	Produkt 4	kg	30	31	32	
9	Produkt 5	kg	80	83	87	
10	Produkt 6	kg	70	73	76	
11	Produkt 7	kg	34	35	37	
12						
13	Produkt 1	EUR je t	3,00	2,94	2,88	
14	Produkt 2	EUR je t	3,00	3,03	3,06	
15	Produkt 3	EUR je t	2,00	2,02	2,04	
16	Produkt 4	EUR je t	3,00	3,03	3,06	
17	Produkt 5	EUR je t	5,00	5,05	5,10	
18	Produkt 6	EUR je t	2,00	2,02	2,04	
19	Produkt 7	EUR je t	4,00	4,04	4,08	
20						
21	Produkt 1	EUR	300	309	318	
22	Produkt 2	EUR	150	158	166	
23	Produkt 3	EUR	40	42	44	
24	Produkt 4	EUR	90	95	99	
25	Produkt 5	EUR	400	420	441	
26	Produkt 6	EUR	140	147	154	
27	Produkt 7	EUR	136	143	150	
28						
29	Gesamt	kg	384	400	417	
30	Gesamt	EUR / kg	3,27	3,28	3,29	
31	Gesamt	EUR	1.256	1.313	1.372	
32						

Abbildung 11: Filterfähiges Berechnungsblatt

	C	D	E	F	G	H
1						
2		Eingabefeld				
3						
4	**Produkt** ▾	**Einheit** ▾	**Jahr** ▾	**Jahr** ▾	**Jahr** ▾	
7	Produkt 3	kg	20	21	22	
15	Produkt 3	EUR je t	2,00	2,02	2,04	
23	Produkt 3	EUR	40	42	44	
32						

Abbildung 12: Nach „Produkt 3" Gefiltertes Berechnungsblatt

64

4.3.1 Pivotier- und Filterfähigkeit

Legen Sie Ihre Daten im Berechnungsblatt in Listenform ab, d.h. in einer Struktur mit Spaltenkopf und Datenzeilen.

- Dies ermöglicht die Reduzierung der Anzahl der zu erstellenden (und zu überwachenden) Formeln.

    o Beispielsweise basiert die nebenstehende Umsatzberechnung auf einer einzigen, in den Bereich E29 bis G39 genau 33 Mal kopierten einheitlichen Formel anstelle von 33 einzelnen (bzw. 11 zeilenbezogenen Formeln).

- Darüber hinaus lassen sich Filter anwenden, um bestimmte Sichten auf das Berechnungsblatt zu ermöglichen.

- Schließlich ermöglicht die Tastenkombination „Strg+Pfeil auf, ab, rechts oder links" das rasche Navigieren („springen") in den Listen. „Strg+Shift+Pfeil" ermöglicht ein schnelles Markieren von Bereichen.

Weitere filterfähige Gruppierungsspalten

Bereich	Para-meter	Produkt-gruppe	Produkt	Einheit	Jahr 1	Jahr 2	Jahr 3
				Eingabefeld			
Detail	Menge	Obst	Produkt 1	kg	100	105	110
Detail	Menge	Obst	Produkt 2	kg	50	52	54
Detail	Menge	Obst	Produkt 3	kg	20	21	22
Detail	Menge	Obst	Produkt 4	kg	30	31	32
Detail	Menge	Gemüse	Produkt 5	kg	80	83	87
Detail	Menge	Gemüse	Produkt 6	kg	70	73	76
Detail	Menge	Gemüse	Produkt 7	kg	34	35	37
Detail							
Detail	Preis	Obst	Produkt 1	EUR je t	3,00	2,94	2,88
Detail	Preis	Obst	Produkt 2	EUR je t	3,00	3,03	3,06
Detail	Preis	Obst	Produkt 3	EUR je t	2,00	2,02	2,04
Detail	Preis	Obst	Produkt 4	EUR je t	3,00	3,03	3,06
Detail	Preis	Gemüse	Produkt 5	EUR je t	5,00	5,05	5,10
Detail	Preis	Gemüse	Produkt 6	EUR je t	2,00	2,02	2,04
Detail	Preis	Gemüse	Produkt 7	EUR je t	4,00	4,04	4,08
Detail							
Detail	Umsatz	Obst	Produkt 1	EUR	300	309	318
Detail	Umsatz	Obst	Produkt 2	EUR	150	158	166
Detail	Umsatz	Obst	Produkt 3	EUR	40	42	44
Detail	Umsatz	Obst	Produkt 4	EUR	90	95	99
Detail	Umsatz	Gemüse	Produkt 5	EUR	400	420	441
Detail	Umsatz	Gemüse	Produkt 6	EUR	140	147	154
Detail	Umsatz	Gemüse	Produkt 7	EUR	136	143	150
Summen	Menge		Gesamt	kg	384	400	417
Summen	Durchschnittspreis		Gesamt	EUR / kg	3,27	3,28	3,29
Summen	Umsatz		Gesamt	EUR	1.256	1.313	1.372

Abbildung 13: Berechnungsblatt mit weiteren Gruppierungsspalten

4.3.2 Gruppierungsspalten

Nutzen Sie im Berechnungsblatt zusätzliche Gruppierungsspalten, um die Filter- und Aggregationsmöglichkeiten zu erweitern.

Verwenden Sie explizite Datenmarkierungen (d.h. Text in einer Spalte) anstelle der farblichen Markierung von Gruppen.

- Zwar kann neueres MS-Excel bereits nach Farben filtern. Das Markieren und Durchhalten von Farben ist jedoch deutlich schwieriger als bei Text

  - Beispielsweise steht die Methode „Strg+C" oft nicht zur Verfügung, weil der (nur farblich zu markierende) Zellinhalt nicht überschrieben werden soll.

- Bestimmte Formeln (z.B. Summewenn) arbeiten nicht nach Farben, sondern nur nach Textmerkmalen.

Blenden Sie nicht kontinuierlich benötigte Gruppierungsspalten bei Bedarf aus („Strg+Alt+Pfeil nach links bzw. nach rechts").

Bereich	Para-meter	Produkt-gruppe	Produkt	Einheit	Jahr 1	Jahr 2	Jahr 3
				Eingabefeld			
Detail	Menge	Obst	Produkt 1	kg	100	105	110
Detail	Menge	Obst	Produkt 2	kg	50	52	54
Detail	Menge	Obst	Produkt 3	kg	20	21	22
Detail	Menge	Obst	Produkt 4	kg	30	31	32
Detail	Menge	Gemüse	Produkt 5	kg	80	83	87
Detail	Menge	Gemüse	Produkt 6	kg	70	73	76
Detail	Menge	Gemüse	Produkt 7	kg	34	35	37
Detail							
Detail	Preis	Obst	Produkt 1	EUR je t	3,00	2,94	2,88
Detail	Preis	Obst	Produkt 2	EUR je t	3,00	3,03	3,06
Detail	Preis	Obst	Produkt 3	EUR je t	2,00	2,02	2,04
Detail	Preis	Obst	Produkt 4	EUR je t	3,00	3,03	3,06
Detail	Preis	Gemüse	Produkt 5	EUR je t	5,00	5,05	5,10
Detail	Preis	Gemüse	Produkt 6	EUR je t	2,00	2,02	2,04
Detail	Preis	Gemüse	Produkt 7	EUR je t	4,00	4,04	4,08
Detail							
Detail	Umsatz	Obst	Produkt 1	EUR	300	309	318
Detail	Umsatz	Obst	Produkt 2	EUR	150	158	166
Detail	Umsatz	Obst	Produkt 3	EUR	40	42	44
Detail	Umsatz	Obst	Produkt 4	EUR	90	95	99
Detail	Umsatz	Gemüse	Produkt 5	EUR	400	420	441
Detail	Umsatz	Gemüse	Produkt 6	EUR	140	147	154
Detail	Umsatz	Gemüse	Produkt 7	EUR	136	143	150
Summen	Menge		Gesamt	kg	384	400	417
Summen	Durchschnittspreis		Gesamt	EUR / kg	3,27	3,28	3,29
Summen	Umsatz		Gesamt	EUR	1.256	1.313	1.372
Summen	Menge	Obst	Gesamt	kg	200	209	218
Summen	Menge	Gemüse	Gesamt	kg	184	191	199
Summen	Durchschr	Obst	Gesamt	EUR / kg	3	2,88	2,87
Summen	Durchschr	Gemüse	Gesamt	EUR / kg	3,67	3,71	3,75
Summen	Umsatz	Obst	Gesamt	EUR	580	603	627
Summen	Umsatz	Gemüse	Gesamt	EUR	676	710	746

Ausweis der Zwischensummen „unter" dem Berechnungsteil

Abbildung 14: Berechnungsblatt mit separierten Zwischensummen

Die Zwischensummen für „Obst" und „Gemüse" unterbrechen nicht die Detailblöcke für „Menge", „Preis" und „Umsatz".

68

4.3.3 Verzicht auf Zwischensummen

Verzichten Sie auf Zwischensummen, die die einheitlichen Formeln in Ihren Tabellenabschnitten durchbrechen (z.B. Summe für das Jahr in einer monatlichen Planung).

Fügen Sie Zwischensummen vielmehr ans Ende Ihres „Detailbocks" an – natürlich mit einer für den gesamten Summierungsblock einheitlichen „Summewenn"-Formel.

- Diese Vorgehensweise vermeidet eine der Hauptursachen für Formelfehler.

- Sie erleichtert Ihnen die Anpassung des Modells (neues Produkt, neues Jahr, weiteres Zwischenergebnis...) fundamental.

Summierungen für die Zeilen stehen unter dem Detailblock. Für Summierungen der Spalten (z.B. Jahresscheiben) steht rechts neben dem Detailblock Raum zur Verfügung.

	A	B	C	D	E	F	G	H
2					Eingabefeld			
4	Bereich ▾	Para-meter ▾	Produkt-gruppe ▾	Produkt ▾	Einheit ▾	Jahr ▾	Jahr ▾	Jahr ▾
5	Detail	Menge	Obst	Produkt 1	kg	100	105	110
6	Detail	Menge	Obst	Produkt 2	kg	50	52	54
7	Detail	Menge	Obst	Produkt 3	kg	20	21	22
8	Detail	Menge	Obst	Produkt 4	kg	30	31	32
9	Detail	Menge	Gemüse	Produkt 5	kg	80	83	87
10	Detail	Menge	Gemüse	Produkt 6	kg	70	73	76
11	Detail	Menge	Gemüse	Produkt 7	kg	34	35	37
12	Detail							
13	Detail	Preis	Obst	Produkt 1	EUR je t	3,00	2,94	2,88
14	Detail	Preis	Obst	Produkt 2	EUR je t	3,00	3,03	3,06
15	Detail	Preis	Obst	Produkt 3	EUR je t	2,00	2,02	2,04
16	Detail	Preis	Obst	Produkt 4	EUR je t	3,00	3,03	3,06
17	Detail	Preis	Gemüse	Produkt 5	EUR je t	5,00	5,05	5,10
18	Detail	Preis	Gemüse	Produkt 6	EUR je t	2,00	2,02	2,04
19	Detail	Preis	Gemüse	Produkt 7	EUR je t	4,00	4,04	4,08
20	Detail							
21	Detail	Umsatz	Obst	Produkt 1	EUR	300	309	318
22	Detail	Umsatz	Obst	Produkt 2	EUR	150	158	166
23	Detail	Umsatz	Obst	Produkt 3	EUR	40	42	44
24	Detail	Umsatz	Obst	Produkt 4	EUR	90	95	99
25	Detail	Umsatz	Gemüse	Produkt 5	EUR	400	420	441
26	Detail	Umsatz	Gemüse	Produkt 6	EUR	140	147	154
27	Detail	Umsatz	Gemüse	Produkt 7	EUR	136	143	150
28								
29	Summen	Menge		Gesamt	kg	384	400	417
30	Summen	Durchschnittspreis		Gesamt	EUR / kg	3,27	3,28	3,29
31	Summen	Umsatz		Gesamt	EUR	1.256	1.313	1.372
32		=SUMMEWENN($C$5:$C$11;$C33;F$5:F$11)						
33	Summen	Menge	Obst	Gesamt	kg	200	209	218
34	Summen	Menge	Gemüse	Gesamt	kg	184	191	199
35					=F39/F33			
36	Summen	Durchschr Obst	Gesamt		EUR / kg	2,90	2,88	2,87
37	Summen	Durchschr Gemüse	Gesamt		EUR / kg	3,67	3,71	3,75
38		=SUMMEWENN($C$21:$C$27;$C39;F$21:F$27)						
39	Summen	Umsatz	Obst	Gesamt	EUR	580	603	627
40	Summen	Umsatz	Gemüse	Gesamt	EUR	676	710	746

Abbildung 15: Vereinheitlichte Formeln für Zwischenergebnisse

Die Auswertungen für „Obst" und „Gemüse" basieren auf (nur) 3 Formeln (rot markiert), die in die beiden nebenstehenden Spal-ten und die darunter liegende Zeile kopiert wurden.

4.3.4 Reduzierung der Zahl der Formeln

Maximieren Sie Zahl der Formeln, die sich für ganze Zellenblöcke innerhalb Ihres tabellarischen Berechnungsblattes einheitlich in einen Bereich kopieren („durchziehen") lassen.

Minimieren Sie „manuelle" Eingriffe die Formeln dieser Blöcke.

- Arbeiten Sie dazu beispielsweise mit Korrekturzeilen, die das „nach Standard" ermittelte Zwischenergebnis modifizieren.

4.3.5 Optimierung der Rechenzeit

„Suchende Befehle", wie „Summewenn" oder „Sverweis"
benötigen bereits bei mittleren Datenmengen erhebliche
Rechenzeit.

Sie sollten daher auf die kleinste mögliche Datenmenge
angewendet werden.

4.3.6 Optimaler Komplexitätsgrad

Oft bestehen Freiheitsgrade, im MS-Excel Modell Vereinfachungen vorzunehmen.

- Beispielsweise kann eine vorgelagerte, ggf. auch bei anderen Personen liegende, Detailplanung in Form einer Übernahme der Ergebnisse (als Parameter) berücksichtigt werden, anstatt sie vollumfänglich in das Rechenmodell zu übernehmen.

- Gelegentlich zeigt sich, dass ein Modelldetail nur unwesentlichen Einfluss auf die Gesamtaussage der Berechnung hat, so dass die Abbildung weniger differenziert erfolgen kann.

Das Erkennen und Nutzen dieser Möglichkeiten ist eine der spannendsten Aufgaben in Ihrem MS-Excel-Königreich.

4.3.7 Übergang zu einer Datenbank

Nicht alle Aufgaben lassen sich mit MS-Excel gut lösen. Schwächen liegen z.B.

- in der Bearbeitung sehr großer Datenmengen,

- im Zugriff mehrerer Nutzer auf eine gemeinsame Datenbasis,

- in Anforderungen an die Gewährleistung von Datensicherheit und –integrität.

Wenn MS-Excel spürbar an seine Grenzen stößt, kann der Zeitpunkt für eine Softwarelösung, z.B. in Form einer Datenbank, gekommen sein.

Oft dient dann die im MS-Excel vorgenommene Modellierung als Grundlage für das Fachkonzept.

Nachwort

Sie verfügen nun über Methoden, ihr MS-Excel sicherer, noch aussagekräftiger und nachvollziehbar zu machen.

Haben Sie schon ein Projekt im Auge?

Ich wünsche Ihnen viel Erfolg bei der praktischen Anwendung der „MS-Excel Knigge".

In dieser Reihe sind erschienen

Excel Knigge – Der zeitlose Ratgeber für gutes MS-Excel

Powerpoint Knigge - Der Ratgeber fürs Denken im Querformat

www.ingramcontent.com/pod-product-compliance
Lightning Source LLC
Chambersburg PA
CBHW041150050326

40689CB00004B/716